AF357776

PIERRE BLERZY

Élève de l'École Normale

1866-1888

PIERRE BLERZY

L'École Normale vient encore d'éprouver une perte cruelle. M. Pierre Blerzy, élève de la section des lettres, a été emporté presque subitement au milieu de sa troisième année, par une de ces maladies qui semblent la rançon d'une trop belle intelligence. Il était de ceux dont le caractère et l'esprit eussent un jour honoré l'École ; il l'aimait profondément : ses dernières pensées ont été pour elle.

Le service funèbre a été célébré à Saint-Sulpice, le jeudi 3 mai. Le nombre des assistants montrait assez quels regrets il laissait après lui, et de quelles sympathies sa famille était entourée. Il y avait là tous ses professeurs, tous ses camarades, tous ses élèves du lycée Charlemagne, où il avait suppléé, pendant quinze jours, M. de la Coulonche. A l'issue de la cérémonie, deux discours ont été prononcés, l'un par M. Vidal de la Blache, sous-directeur de l'École ; l'autre, par M. Hauser, chef de section de troisième année.

L'inhumation a eu lieu à Torvilliers, près de Troyes, au milieu d'une foule plus nombreuse encore. M. Baudin, au nom des habitants de Torvilliers, a prononcé quelques mots sur la tombe. Nos camarades Raveneau, élève de troisième année, et Girbal, professeur au lycée de Troyes, ont pris ensuite la parole ; l'un, au nom de l'École, l'autre, au nom du lycée, tous deux représentés par une délégation.

L'École, en publiant ces discours, veut rendre un dernier hommage à la mémoire de celui qu'elle a perdu, et donner un témoignage de sa profonde sympathie à la famille de notre regretté camarade.

DISCOURS DE M. VIDAL DE LA BLACHE

SOUS-DIRECTEUR DE L'ÉCOLE NORMALE.

Si M. le Directeur de l'École n'était momentanément retenu loin de nous par la mission dont il a été chargé par le Ministre de l'Instruction publique, ce serait lui qui adresserait ici le dernier adieu à celui que nous pleurons. La dépêche qui a dû traverser la mer pour lui annoncer la triste nouvelle, excitera chez lui une cruelle et douloureuse surprise. Rien, il y a peu de jours, ne pouvait nous faire prévoir que nous allions être frappés dans la personne d'un des nôtres par un de ces coups de foudre qui déconcertent tous nos sentiments naturels de justice et de pitié. Après des deuils récents dont nous étions à peine remis, voilà qu'un nouveau deuil non moins cruel et inattendu vient nous frapper! C'est comme par une fatalité attachée à la jeunesse et à l'intelligence qu'une impitoyable maladie s'acharne à prendre ses victimes parmi les plus vaillants. Elle les frappe en plein travail, quand leur esprit, s'ouvrant aux séductions de la vie intellectuelle, s'y livre avec un excès d'ardeur, avec un mépris trop superbe peut-être des précautions et des ménagements qu'exige le corps. C'est le moment qu'elle choisit pour les emporter, brisant d'un seul coup espoir, aspirations, projets, avec toutes les affections, toutes les sympathies suspendues à une chère existence.

Et cette fois, ni la maison paternelle, ni les soins les plus dévoués d'une famille veillant à son chevet n'ont pu conjurer le dénoûment fatal.

Notre cher et malheureux ami a passé près de trois ans au milieu de nous. Il avait beaucoup étudié, beaucoup appris; son esprit était en pleine fermentation. L'âge eût mûri sans doute, transformé quelques-unes de ses facultés. Mais ce que l'âge n'apporte pas et ce qui était chez lui un don de nature, c'est la haute curiosité, la passion désintéressée de savoir. Cette curiosité était un des caractères distinctifs qui nous frappaient chez notre élève. Elle embrassait les objets les plus divers; elle cherchait à saisir le vrai sous tous ses aspects. L'art, la philosophie, l'histoire s'associaient dans son esprit et dans ses travaux au goût très décidé et très vif qu'il avait toujours montré pour la littérature. Une exposition qu'il avait présentée l'année dernière sur une des parties les plus difficiles d'un des systèmes de philosophie contemporaine avait été justement remarquée. Il était guidé dans ses analyses pénétrantes des plus fines questions d'esthétique par une délicatesse naturelle qui faisait partie de sa personne morale. Chez lui nulle affectation, nulle prétention à briller par le paradoxe; une sincérité absolue dans la poursuite du vrai et du beau; une de ces consciences auxquelles il n'y a qu'un reproche à adresser, celui de se laisser embarrasser parfois de trop de scrupules. Lorsqu'il lui arrivait de demander conseil à ses maîtres, c'est avec une généreuse franchise qu'il les rendait confidents de ses préoccupations et de ses inquiétudes. On pouvait différer d'avis, combattre quelques-unes de ses opinions; mais on emportait de ces entretiens un sentiment d'affectueuse sympathie pour l'élévation naturelle de son esprit. La sympathie allait naturellement vers lui. Tout à l'heure ses camarades diront quelles amitiés la noblesse de sa nature lui avait conciliées parmi eux; leur émotion le dit mieux encore que leurs paroles. Cette affection était vivement partagée par ses aînés et ses maîtres; je tiens à honneur d'en être ici l'interprète.

Puissent nos sympathies unanimes aller au cœur de cette famille si cruellement éprouvée! S'il n'est guère permis de prononcer ici le mot de consolation, qu'elle sache au moins qu'elle ne sera pas seule à conserver et à entretenir une chère mémoire. L'École conserve pieusement le souvenir de ses morts. De celui que nous venons de perdre si jeune, il restera non seulement un nom inscrit dans nos notices et nos annales, mais, si je ne me trompe, une physionomie, une figure morale. Dans cet échange familier d'idées, dans ce commerce de discussions et d'entretiens qui anime la vie in-

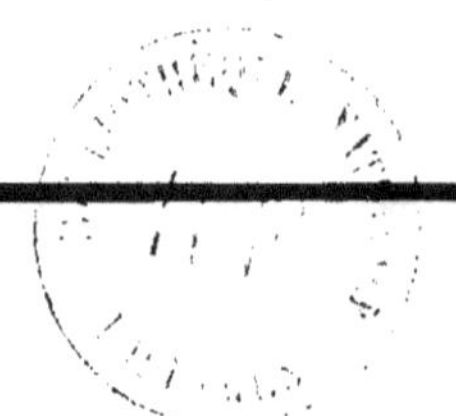

térieure de l'École et qui l'ennoblit, il était de ceux qui prenaient la part la plus active ; il s'y mêlait, on peut le dire, de toute son âme. Il laisse peut-être à ceux qui l'ont connu de près une partie de ce qu'il y avait de meilleur en lui. Je ne serais pas surpris que plus d'un parmi eux conservât dans ce camarade perdu un de ces conseillers muets, mais d'autant plus chers, qu'on consulte encore par un effort de souvenir aux moments difficiles, et dont on s'inspire alors même que depuis longtemps la mort a fermé leur bouche et consommé la séparation.

DISCOURS DE M. HAUSER

La plupart d'entre nous n'avaient jamais vu Blerzy avant son entrée à l'École. Mais du premier jour il y eut amitié entre nous et lui. Il y avait sur cette franche et aimable figure tant d'affectueuse sympathie, tant de vraie bonté dans cette voix attirante, que nul ne résistait au charme. Son secret était bien simple : c'est en se livrant tout entier à vous, qu'il vous forçait d'obéir à cette mystérieuse attraction. A l'École, chacun de nous a ses camarades à soi, son petit groupe d'amis, assez étroit, un peu fermé ; mais, en plus de ces amis-là, tous nous en avions un autre, nous avions Blerzy.

J'ai senti cela mieux que jamais avant-hier matin, lorsque j'ai eu la douloureuse mission d'apprendre sa mort à mes camarades. Cette nouvelle a été un coup de foudre pour l'administration, qui avait su apprécier la délicatesse de son esprit, plus encore sa nature honnête et affectueuse ; pour celui qui me l'a transmise, pour moi qui l'ai reçue le premier, pour tous ceux à qui j'ai dû la porter. — Je l'avais vu juste huit jours avant ; d'autres, dans la semaine. Il était toujours le même, souriant, affable, aimant surtout à causer de sa chère École, et de ceux qu'il y avait laissés. Rien ne faisait prévoir qu'il ne les reverrait plus. Nous le taquinions bien quelquefois sur ses excès de travail, mais sans nous douter que le danger fût si proche. Puis il était si nécessaire à notre vie à tous, nous lui tenions par tant de liens, que l'idée qu'il pût mourir, jusqu'au soir qui précéda sa mort, ne nous vint jamais à l'esprit.

J'ai traversé l'École en deuil. J'ai vu ses amis pleurer de douleur. Nous nous regardions sans rien dire, abattus par l'atroce nouvelle, mais n'y croyant pas encore. Ceux mêmes qui l'avaient moins connu ressentaient une émotion violente. Sans doute, on regrette toujours un camarade. Mais non, ce n'était pas ce banal chagrin qu'on éprouve à voir disparaitre quelqu'un dont la présence journalière est devenue pour vous une habitude. Ce n'était pas seulement l'École entière qui était frappée. Chacun de nous était atteint personnellement, pour son propre compte, comme en un deuil de famille. Il nous semblait à tous que chacun de nous venait de perdre son ami.

Depuis, nous avons passé ces deux jours à parler de lui. Nous nous sommes remis en mémoire ces longues causeries sur tous sujets, le soir, ou bien le dimanche matin, à la sortie de l'École ; et comme il cherchait à comprendre, à deviner les autres, à démêler dans leur pensée ce qu'eux-mêmes n'y voyaient pas clairement. — Cette largeur d'esprit n'était nullement de la faiblesse ; Blerzy avait de fortes et solides convictions, qui jamais ne l'ont quitté. C'était vraiment de la largeur de cœur.

Il aimait volontiers, il s'attachait à chacun de nous, et son active sympathie voulait en tout esprit découvrir quelque mérite ignoré. Il nous aimait, il aimait aussi l'École elle-même. C'était pour lui comme une seconde famille. Nous le savions ; aussi nous semblait-il faire partie intégrante de cette maison ; il en était à nos yeux le vivant symbole.

S'il nous aimait, nous le lui rendions bien. La mort ne pouvait, dans nos six promotions, frapper une tête qui fût chère à un plus grand nombre d'entre nous. — Rien assurément ne saurait consoler les pauvres parents qui le pleurent. Ceux qui, bien jeunes encore, ont déjà fait l'épreuve des séparations éternelles, ceux-là savent qu'il n'est pas de consolation ici-bas. Une seule chose au monde a la force, je ne dis pas d'émousser la douleur, mais d'en ôter quelque peu l'amertume, c'est de la sentir partagée par tous ceux qui connurent celui qui s'en va. Cette consolation, mon bon camarade, tes parents la goûteront tout entière. Car tous ceux qui ont passé près de toi ces trois années ont répondu à ton affection, tu le sais bien, par une affection sincère. Ils garderont pieusement ta mémoire. Vivant, tu étais comme un trait d'union entre nous tous ; grâce à toi, souvent nos dissentiments s'effacèrent dans ta large et loyale amitié. Maintenant que tu n'es plus parmi nous, ton souvenir rapprochera plus d'une fois encore tes camarades dispersés, mais qui tous auront en commun le regret de t'avoir sitôt perdu. Adieu !

DISCOURS DE M. BAUDIN

Au nom des habitants de Torvilliers.

Chers camarades, et vous, parents et autres qui entourez cette tombe encore ouverte, permettez qu'une voix amie adresse quelques mots d'adieu et de reconnaissance à celui dont la mort nous plonge dans de si vifs regrets.

Nous t'aimions et nous te regrettons, cher Pierre Blerzy, quoique n'ayant pas vécu parmi nous. Nous n'en avons pas moins apprécié tes brillantes qualités et le profond attachement que tu as toujours eu pour la jeunesse entière de Torvilliers ; car, malgré ton instruction et ton rang supérieurs à nous, tu as montré, cher ami, en quelques circonstances que ce soit, une grande familiarité envers nous tous, le premier à nous adresser la parole, le premier à nous tendre la main.

Un malheur vous a frappés, chers parents. La Providence vous l'a ravi sans que votre amour, vos soins, vos sacrifices et votre dévouement aient pu arrêter les progrès d'une fatale maladie, lui sur qui reposaient vos plus belles espérances.

Unissons-nous, chers camarades, pour implorer le pardon du bon Dieu, afin que nous nous retrouvions au-delà de la tombe.

Joignons-nous à la douleur de ces chers parents éplorés et souvenons-nous qu'il y a bientôt onze ans nous nous trouvions, en pareille circonstance, sur cette même tombe.

La mort est impitoyable, elle frappe en aveugle le plus riche comme le plus pauvre, le plus fort comme le plus faible, et le plus vieux comme le plus jeune.

O Mort, sois donc maudite ! Pourquoi n'épargnes-tu pas ceux qui ont à peine vécu sur cette terre ?

A peine ton printemps éteint, cher Pierre, la destinée te mène au tombeau et va te cacher à nos yeux ; mais ton souvenir vivra dans nos cœurs et y restera à jamais gravé.

Prie et demande donc à Dieu pour tous tes amis et toute cette assemblée que nous suivions ton exemple, afin qu'un jour nous te soyons tous réunis dans le lieu du bonheur qu'ont dû mériter ton innocence et tes vertus.

C'est avec cette douce espérance que nous élevons les yeux vers le ciel ; c'est avec les plus vifs sentiments de reconnaissance que nous t'adressons cette humble couronne, triste gage, hélas ! de notre amitié ; enfin, c'est avec un doux espoir que nos lèvres te crient ce triste et regretté mot : Adieu, cher ami, adieu, cher Pierre Blerzy, adieu, ou plutôt au revoir.

DISCOURS DE M. RAVENEAU.

Mon cher Blerzy,

Hier, le premier de nos maîtres et le premier de nos camarades, aujourd'hui, les habitants de Torvilliers ont parlé avec sincérité, avec vérité de ton esprit et de ton cœur si ouverts. Et pourtant, je ne veux pas te quitter, mon bon ami, sans te dire adieu. Tous mes camarades de l'École, c'est-à-dire tous tes amis, n'ont pu t'accompagner jusqu'au bout ; mais en ce moment ils sont de cœur avec nous : tous, je le sens, tiennent les yeux fixés sur cette tombe qui, en se refermant, va rompre le dernier lien matériel par lequel nous tenions à toi. Ta mémoire, sois-en sûr, sera bien gardée : dans notre École, en effet, croyants ou incrédules, nous pratiquons tous la religion des morts. Mais ceux qui t'étaient plus particulièrement unis par la communauté des idées chrétiennes et des espérances éternelles voient en toi autre chose encore qu'un camarade loyal et l'ami le plus sûr. Les convictions qui te soutenaient, tu ne les as jamais cachées. Ta pieuse mère te les avait inspirées dès l'âge le plus tendre ; ta raison virile en avait éprouvé la force et y adhérait avec amour. Tout en respectant la sincérité des opinions adverses, tout en les traitant avec des ménagements infinis, tu exerçais sur nous la moins impérieuse et la plus irrésistible des influences. Que de courages n'as-tu pas raffermis ! N'as-tu pas éveillé des âmes à des idées nouvelles et ne te devons-nous pas le meilleur de nous-mêmes !

Cette bonté qui nous subjuguait tous, était relevée par une extrême modestie et une humilité parfaite. Ton active charité s'étendait à ces pauvres, à ces déshérités auxquels tu consacrais tes heures de liberté. Je suis allé leur apprendre la mauvaise nouvelle; ces braves gens ne pouvaient se consoler, car ils perdaient celui qui apportait dans leur réduit, avec les secours destinés au corps, les bonnes paroles, la paix, la joie, les grandes espérances.

Ces grandes espérances restent notre suprême soutien. Notre cœur saignera toujours de cette brutale séparation, de ces amitiés brisées, de ce bel avenir anéanti. Adieu, longues promenades, longues causeries du soir, où ta voix si douce nous tenait sous le charme; adieu, rêves d'une vie modeste et studieuse caressés ensemble. Mais si quelque chose peut adoucir les regrets de ses parents et les nôtres, c'est cette sympathie de tous, c'est la pensée du bien que tu as fait et que tu feras encore, la persistance de ton influence et de ta bienfaisante action, c'est surtout la ferme assurance de te retrouver un jour. Adieu, mon cher Blerzy, adieu.

DISCOURS DE M. GIRBAL

Je viens aussi dire adieu à mon ami et camarade Pierre Blerzy, au nom des professeurs du lycée de Troyes. Nous nous souvenons que Pierre a été quelque temps élève dans notre lycée, et il y a encore parmi nous tel professeur qui me rappelait naguère, avec émotion, combien notre ami, lorsqu'il était son élève, était doux, aimable, affectueux ; car il a été tout cela de bonne heure envers ses premiers maîtres, comme il l'a été pendant sa vie envers tous ceux qui l'ont connu.

Nous ne pouvons pas parler à ses parents de consolation, après un coup si cruel ; la consolation vient de plus haut. Tout ce que nous pouvons leur offrir, c'est une marque de sympathie. Les professeurs et les élèves du lycée de Troyes feront une place dans leur souvenir à la mémoire de Pierre Blerzy. Ils s'associent à la douleur causée par cette mort. C'est bien peu de chose, mais si ce témoignage sympathique peut aider en quelque mesure ses parents à se résigner, si faible qu'il soit, nous le leur donnons.

Versailles. Imp. Cerf et fils.